ROSSELLA DI MARIA

DOCENTE COACH

Come Gestire una Classe Problematica
Rendendo il Lavoro Produttivo e
Finalizzato agli Obiettivi

Titolo

"DOCENTE COACH"

Autore

Rossella Di Maria

Editore

Bruno Editore

Sito internet

www.brunoeditore.it

Sommario

Introduzione pag. 5

Capitolo 1: Come riconoscere una classe problematica pag. 7

Capitolo 2: Come relazionarsi con gli alunni difficili pag. 27

Capitolo 3: Come ottenere il benessere degli studenti pag. 50

Conclusione pag. 69

Bibliografia pag. 72

Introduzione

Immaginate per un attimo cosa può provare un'insegnante, magari fresca di laurea, la prima volta che entra in una classe problematica. Il dirigente scolastico, con un certo imbarazzo, l'ha messa sull'avviso e così pure i colleghi, che nel corridoio le si sono avvicinati e le hanno raccontato gli avvenimenti degli ultimi giorni e i pasticci che i cari angioletti sono stati in grado di combinare.

A questo punto alla docente non resta che affrontare la situazione. 25 o 30 paia di occhi che la osservano incuriositi, forse anche intimiditi, ma pronti alla sfida e a mettere in crisi tutte le certezze dei processi educativi e pedagogici assimilati in tanti anni.

Ce la farà a sostenere la situazione? Sarà in grado di gestire il suo stress e, fatto essenziale, riuscirà a trasmettere valori, contenuti disciplinari e soprattutto a interessare gli alunni?

I giovani sanno bene come scovare e come agire sul punto debole del docente. Ti studiano, ti misurano e sanno riconoscere il tuo valore, se sei in grado di avvicinarti a loro, stabilendo un rapporto valido.

In caso contrario è un pasticcio, perché il nostro lavoro diventa pesante come un macigno e lo stress ci aspetta dietro l'angolo. Tanto vale mettersi d'impegno e attivare in noi tutte quelle competenze, abilità e conoscenze che ci permettono di essere dei bravi docenti. Specie con i nostri alunni più difficili.

Questo ebook ti insegnerà a gestire le situazioni problematiche all'interno della classe, a utilizzare tecniche ampiamente sperimentate, rendendo così il tuo lavoro produttivo e finalizzato agli obiettivi che ti sei posto.

CAPITOLO 1:
Come riconoscere una classe problematica

Ogni classe ha una sua personalità e si presenta all'insegnante come un'entità portatrice di alcune caratteristiche. Le classi etichettate come problematiche sono indisciplinate e turbolente: insomma, difficili da gestire.

È all'interno dell'aula scolastica che devono convivere gruppi eterogenei di ragazzi, ognuno con una realtà diversa. E così, a fianco del bullo, possiamo trovare il giovane ribelle e poi il ragazzo ipersensibile o il bugiardo cronico, l'ansioso oppure l'iperattivo.

La mia collega di inglese, anni fa, venne da me disperata, perché non riusciva a gestire la sua classe, una terza media. Insieme abbiamo cercato di leggere e comprendere quella realtà scolastica, che si presentava così:

- i posti assegnati agli alunni dai docenti non venivano rispettati;

- alcuni ragazzi erano eccessivamente polemici e interrompevano la lezione continuamente;
- un folto gruppetto dimenticava a casa il materiale didattico;
- i pochi che desideravano seguire la lezione venivano derisi e presi in giro.

Noi insegnanti chiamiamo gli alunni difficili "non scolarizzati", cioè che non sanno adeguarsi alle regole, non rispondono insomma a ciò che la scuola gli propone. E ovviamente non sono solamente quelli descritti prima.

L'elenco degli atteggiamenti inaccettabili, per un docente, costituisce l'indisciplina. A questo punto se, come si è detto, ogni classe ha una propria fisionomia, è utile, per conoscerla meglio, osservarla da vicino. Tu, docente, devi interrogarti sul tipo di comunicazione che si attiva fra i tuoi studenti, sui ruoli che nascono e sulla coesione del gruppo.

Il sociogramma di Jacob Levi Moreno

Il sociogramma di Jacob Levi Moreno, psicologo sociale, è uno strumento utile, per permettere al docente di analizzare le relazioni sociali all'interno del gruppo-classe e i modelli di sentimenti che si vengono a creare. Ho applicato questa tecnica quando insegnavo nella scuola media e i risultati sono stati sorprendenti. Ecco sinteticamente il test:

- la prima fase consiste nella costruzione di un questionario, di circa quattro domande;
- la seconda è la somministrazione del test;
- nella terza fase il docente legge e analizza i risultati;
- la quarta è la fase operativa e applicativa;

Le domande devono essere semplici e concrete, alcune devono riferirsi a situazioni affettive (tempo libero o gioco) mentre altre devono corrispondere a un criterio funzionale (attività scolastiche). A ogni domanda ne deve corrispondere una negativa e il contenuto deve essere il medesimo. Le domande devono, infine, essere a risposta aperta, con 2 o 3 scelte.

Eccoti un esempio di questionario. Naturalmente usando i criteri che ti ho descritto, puoi crearne uno, a secondo delle tue esigenze.

È attraverso queste domande che solleciti i tuoi studenti a

esprimere la loro voglia di instaurare una relazione con i compagni.

1. Chi vorresti avere come compagno di banco?
2. Chi non vorresti avere come compagno di banco?
3. Con chi vorresti fare una gita scolastica?
4. Con chi non vorresti fare mai una gita scolastica?

Agli alunni andrà spiegata la finalità del test e garantita la riservatezza delle loro risposte. Il docente, dopo aver raccolto i questionari, costruirà la matrice sociometrica che rappresenterà graficamente e sinteticamente la situazione delle relazioni interne della classe.

Infine si costruirà il sociogramma-bersaglio. Matrice e sociogramma vanno fatti per entrambi i criteri e poi comparati fra loro.

Ti mostro un esempio di sociogramma-bersaglio. I triangoli sono i maschi, i cerchi le femmine.

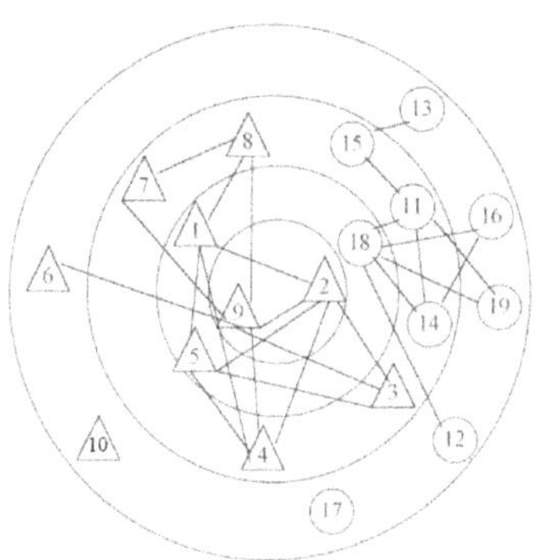

E ora, cosa può emergere dalla lettura e dall'analisi del test? Generalmente vengono fuori queste posizioni.

- Il *soggetto isolato*: è quello che ha ricevuto un numero molto basso di scelte ed è privo di riconoscimento da parte dei compagni.
- Il *leader*: l'elemento trascinate del gruppo.
- Il *popolare*: ha il riconoscimento dei compagni e ha ricevuto molte scelte ma può non avere dei legami affettivi.
- L'*emarginato*: non è considerato dai compagni.
- Il *marginale*: non è fondamentale per il gruppo.

Con questa tecnica conoscerai qualcosa di più anche sui rapporti tra maschi e femmine all'interno del tuo gruppo-classe e quindi sull'interazione fra i due sessi.

Rapporti di simpatia, affetto, ostilità, collaborazione e competitività si organizzano dunque all'interno della classe e non solo in risposta alle modalità di conduzione che il docente attiva nel gruppo.

Ogni studente ha infatti la sua personalità e il suo vissuto che, bene o male, lo condiziona pesantemente. Capirai quali sono i soggetti che favoriscono le relazioni e, all'opposto, i casi di rifiuto, di indifferenza e di isolamento.

È evidente che tu, come educatore, devi interrogarti sul perché alcuni tuoi alunni vengano isolati o magari rifiutati dai compagni. Uno dei tuoi obiettivi è attivare, con i tuoi colleghi, un piano di intervento per reinserirli nel gruppo. Il *tutoring* o altre forme collaborative potrebbero esserti d'aiuto.

SEGRETO n.1: il sociogramma è uno strumento con cui puoi analizzare le relazioni sociali che si sono create nel tuo gruppo-classe, e che si sviluppa in quattro fasi.

Il docente ha la possibilità di utilizzare tecniche utili a motivare i suoi alunni verso gli obiettivi che si è posto. Due di queste le potrai mettere in pratica facilmente e le troverai molto efficaci.

Il tutoring

Il **tutoring** è una metodica che consiste nell'affidare a uno o più allievi la responsabilità di una lezione.

Realizzato su larga scala nelle scuole statunitensi e inglesi è un tipo di insegnamento che si svolge fra un **tutor**, con funzioni di docente, e un **tutee**, con funzioni di alunno.

Per farvi comprendere meglio il concetto vi parlerò della mia esperienza. Qualche anno fa ho fatto l'insegnante di sostegno in un istituto tecnico. Il ragazzo che dovevo seguire, Ale, era un autistico "Asperger", intelligente e con un linguaggio ben strutturato, ma con problemi di apprendimento, specialmente nell'area logico-matematica. Ale memorizzava solo ciò che lo motivava e per lui abbiamo stilato una programmazione *ad hoc*.

Il ragazzo era affascinato da Igor, leader indiscusso della classe, conteso e ammirato da tutti. L'idea del tutoring mi è venuta un giorno in cui ho visto che ben volentieri Igor dava delle spiegazioni di matematica ad Ale, che ne approfittava per stare in sua compagnia. Insieme alla sua docente di matematica ho preparato quindi il mio progetto e sono passata all'opera.

Il lavoro è stato fatto rispettando accuratamente alcuni parametri:

- gli obiettivi da perseguire;
- la formazione del tutor;
- le abilità degli alunni;
- la durata delle sessioni;
- la durata del progetto;
- la frequenza del progetto;
- il monitoraggio e la verifica finale;

Tornando al mio progetto, la prima domanda che mi sono posta è stata: «Quali obiettivi voglio raggiungere?» Sicuramente quelli didattici, cioè trasmettere ad Ale dei contenuti di matematica, in particolare di geometria, ma, ancora più importante per l'alunno, era raggiungere obiettivi di tipo educativo.

Abbiamo valutato le abilità e le conoscenze del giovanissimo tutor sulla materia e l'abbiamo formato attraverso un breve corso. Gli abbiamo spiegato chiaramente quello che avrebbe dovuto fare, cioè come doveva porsi con il tutee, il suo allievo e, infine, gli abbiamo dato il materiale didattico da utilizzare.

La "frazione" di lezione che gli abbiamo dato era in parte in forma cartacea, in parte in informatica e consisteva in schede facilitate e in mappe concettuali.

Abbiamo poi proseguito nell'organizzazione del lavoro di coppia. La durata delle sessioni di studio previste era di 45 minuti, il progetto durava in tutto 6 settimane con una frequenza di 3 volte alla settimana. Il monitoraggio si svolgeva in itinere e le verifiche alla fine.

La riuscita dell'esperienza ci ha indotto, pochi mesi dopo a formulare alcune considerazioni:

- il tutoring è gratificante per ambedue i componenti della coppia;
- il tutor ha l'occasione di consolidare le sue conoscenze;

- il tutee acquisisce competenze;
- entrambi vengono responsabilizzati.

Nel complesso la positività dell'esperienza può essere di aiuto in situazioni di crisi da parte di un alunno disabile o con qualche difficoltà di apprendimento, oppure di un giovane leader che, in momenti di noia può creare disturbo durante l'attività didattica.

I miglioramenti non dovrebbero tardare: la padronanza verbale aumenta, vengono colmate lacune nello studio, si sviluppa l'autostima e si rinsaldano legami affettivi.

Ale è diventato più sicuro di sé; Igor ha acquisito una nuova sensibilità verso le persone più fragili. Entrambi si sono notevolmente arricchiti in termini umani.

Il metodo funziona perché i ragazzi lo riconoscono valido; altrimenti fallirebbe. Non ha implicazioni autoritarie e il rapporto con un coetaneo dà sicurezza.

Il cooperative-learning

Il **cooperative learning**, cioè "lavorare in gruppo", è un altro valido metodo di conduzione della classe, che affronta l'apprendimento delle discipline lavorando in piccoli gruppi.

L'ho sperimentato in una seconda media, dove insegnavo geografia, ma con scarsi risultati. I ragazzi si annoiavano e così chiacchieravano e si distraevano continuamente. A volte scoppiavano delle liti furibonde.

Per la mia attività didattica, ho preso spunto dalla trasmissione televisiva *Alle falde del Kilimangiaro*, che li incuriosiva molto. In poco tempo li ho coinvolti nel progetto e ho pianificato il lavoro scrivendo alla lavagna le regole che dovevano seguire. Dopo la scelta dell'argomento dovevano:

- dividersi in gruppetti di 4 o 5 alunni;
- pianificare l'attività;
- assegnarsi i ruoli (con il mio aiuto).

Ogni gruppo aveva il compito di organizzare un viaggio in Europa o in Italia. L'esperienza doveva poi essere condivisa con il resto della classe.

Gli alunni si sono messi al lavoro e tutti hanno partecipato, seguendo le loro inclinazioni e i loro interessi: chi aveva spirito artistico disegnava; il matematico calcolava le distanze; il disabile si procurava opuscoli; l'organizzatore coordinava ecc.

Gli alunni erano interdipendenti gli uni dagli altri; i compiti assegnati e i ruoli erano definiti. Tutti lavoravano dando il meglio di sé.

Vi assicuro che è stata una grande soddisfazione leggere i resoconti dei loro ipotetici viaggi, *4 scapoli in Svizzera* oppure *A zonzo per la Calabria.*

E ancora più gratificante è stato quando sul sito della trasmissione è stata menzionata la nostra esperienza, perché io, all'insaputa dei ragazzi, avevo inviato tutto il lavoro alla conduttrice del programma, che aveva apprezzato molto.

In questa attività io, sono stata un **facilitatore** e un **organizzatore** delle attività. Ho strutturato "ambienti di apprendimento" in cui gli studenti, favoriti da un clima relazionale positivo, in un processo di *problem solving*, hanno conseguito gli obiettivi prefissati, con il contributo di tutti.

SEGRETO n. 2: il tutoring e il cooperative-learning sono due validi metodi per la conduzione del gruppo-classe. Il docente diventa così facilitatore e organizzatore.

Come relazionarsi con gli alunni difficili

In tutte le classi ci sono alunni difficili e l'insegnante deve affrontare la situazione con calma e determinazione. Occorre:

- stabilire il numero degli allievi problematici;
- mantenere uno stretto contatto con i genitori;
- affrontare l'argomento nel consiglio di classe;
- chiedere aiuto agli esperti;
- cercare di prevenire eventuali comportamenti fuori dalla norma;
- definire le regole;
- rinforzare i comportamenti positivi;
- punire in caso di disubbidienza;

- organizzare tempi di lavoro e di riposo.

Ricordati che alunni problematici rendono una classe disarmonica. Occorre "curare" il gruppo-classe, nel suo insieme.

Il preadolescente, e ancora di più l'adolescente, è una personalità in formazione e proprio per questo si affida, salvo poi entrarci in conflitto, all'adulto. Il docente rappresenta per molti ragazzi un punto di riferimento valido, autorevole, spesso più ancora dei genitori. A volte deve difendere, mettendosi in gioco, l'allievo più fragile. È questo il caso della vittima di bullismo, spesso un insicuro, timido e con un basso livello di autostima.

In presenza dell'alunno bullo, situazione assai delicata, si può operare affrontando queste tematiche in classe ed eventualmente attivando, con il consiglio di classe, progetti con psicologhe esterne alla scuola. L'atteggiamento deve comunque essere fermo e condiviso dai colleghi e dai genitori.

Il bullismo è un tipo di azione che ha il preciso fine di colpire l'altro (in questo caso un compagno) fisicamente o psicologicamente. L’atteggiamento del bullo è continuativo, dura giorni, settimane, mesi o anche anni. Il bullo può:

- picchiare la sua vittima;
- insultarla o minacciarla;
- escluderla dal gruppo;
- diffondere pettegolezzi, anche via internet.

La vittima può presentare una serie di sintomi: stress, mal di stomaco, rifiuto della scuola, attacchi d’ansia.

In presenza di un fenomeno di bullismo l’insegnante deve agire subito e con decisione.

- Bisogna riferire il fatto al consiglio di classe.
- Bisogna parlare subito con la vittima.
- Bisogna avvertire la famiglia della vittima e del bullo.
- Bisogna preparare un piano educativo d’intervento.
- Può servire far compilare un questionario ai ragazzi.
- È utile organizzare dibattiti e incontri coi genitori.

Ricorda che puoi attivare semplici regole di comportamento contro il bullismo. Renderle ben visibili in classe, condividerle coi ragazzi e farle rispettare.

Non dimenticare che il silenzio e la segretezza sono alleati dei bulli. Abitua i tuoi alunni a parlare e ad affrontare la situazione con serenità.

Voglio condividere con te una mia esperienza, molto emozionante. Anno scolastico 2010-11, Istituto Commerciale, classe prima. Alunni relativamente tranquilli che, a metà anno, incominciano a dare segni di insofferenza: i ragazzi si distraggono, si guardano storto, studiano meno del solito.

Edo, alunno introverso, fin troppo tranquillo, si chiude sempre più in se stesso e la mamma preoccupata mi dice che non vuole più venire a scuola, mangia poco e, in casa, rubacchia. «Cosa può essere successo a uno dei miei alunni preferiti?», mi chiedo e decido di studiare la situazione. Capisco presto dov'è il problema.

Edo è la vittima di Mino, che, da dietro al suo banco gli sferra calci e, quando non si sente osservato, gli ruba il materiale e si fa pagare regolarmente la merenda. Il mio intervento è immediato:

convoco la mamma e attuo le operazioni che ho già descritto. Il processo è lungo, ma Mino viene recuperato, anche con l'aiuto dei servizi dell'ASL, alla quale la mamma si decide a rivolgersi. Colloqui con brave psicologhe sono un aiuto prezioso per entrambi i giovani.

Mino, come molti ragazzi "bulli", ha alle spalle una situazione familiare disastrata, ha un enorme bisogno di attenzione e di sentirsi amato. In un processo educativo continuo, dosando lodi e ammonimenti e favorendo per lui occasioni di socializzazioni, Mino è arrivato a riconoscere i suoi errori e si sta finalmente inserendo nel gruppo-classe.

Lo studente aggressivo è sempre più presente nelle nostre aule. La sua caratteristica è quella di avere atteggiamenti distruttivi verso le persone e le cose. Questi ragazzi spesso vengono isolati dai compagni, ma altrettante volte vengono riconosciuti come leader e imitati dagli studenti più immaturi. L'aggressivo si crea una piccola corte formata da compagni della sua e di altre classi. In questi casi, il docente deve mantenere la calma e attivare strategie comportamentali e comunicative.

Marco, quindicenne di un istituto tecnico era veramente irritante. Il preside ha convocato un consiglio di classe straordinario per discutere del suo caso. Nel giro di un mese aveva rotto una finestra, offeso un'impiegata e bisticciato con tutti. Fumava in classe e costruiva aereoplanini distraendo i compagni. Occorreva una strategia di attacco. Quindi:

- l'ho cambiato di banco;
- gli ho affidato dei compiti;
- l'ho convinto a iscriversi in palestra;
- abbiamo chiesto l'intervento di una psicologa.

Ora Marco controlla meglio la sua rabbia ed è diventato un giovane campione di arti marziali. Piccoli successi che fanno ben sperare.

Da una mia piccola e personale indagine è emerso che un numero alto di studenti guardano film violenti. Sembra, secondo alcuni autorevoli studi, che ci sia una correlazione fra l'aggressività espressa dai giovani e la violenza teletrasmessa. Non ne sono certa, ma sicuramente immagini di violenza possono far presa su menti poco mature.

Alcuni miei alunni mi hanno detto che trovano giusto esprimersi in modo aggressivo in un mondo dove la violenza viene rappresentata ovunque.

Dalle immagini violente imparano che, per risolvere i conflitti occorre rispondere nello stesso modo: con aggressività. Altrimenti si è perdenti e vigliacchi.

SEGRETO n. 3: per affrontare le problematiche del bullismo puoi attivare regole condivise dai tuoi colleghi e dai genitori del giovane. Per fronteggiare atteggiamenti aggressivi in uno studente, lo devi rimotivare e reinserirlo nel gruppo-classe.

RIEPILOGO DEL CAPITOLO 1:

- SEGRETO n.1: il sociogramma è uno strumento con cui puoi analizzare le relazioni sociali che si sono create nel tuo gruppo-classe e che si sviluppa in quattro fasi.
- SEGRETO n. 2: il tutoring e il cooperative learning sono due validi metodi per la conduzione del gruppo-classe. Il docente diventa così facilitatore e organizzatore.
- SEGRETO n. 3: per affrontare le problematiche del bullismo puoi attivare regole condivise dai tuoi colleghi e dai genitori del giovane. Per fronteggiare atteggiamenti aggressivi in uno studente, lo devi rimotivare e reinserirlo nel gruppo-classe.

CAPITOLO 2:

Come creare un rapporto di fiducia

Il perché della buona comunicazione

Qual è secondo te la chiave per creare un rapporto di fiducia con i tuoi allievi? La buona comunicazione. Perché è sterile promuovere solo il sapere scolastico se, contemporaneamente, non lo si fa con l'intera persona.

Ricorda: tu, docente, sei un educatore e in quanto tale devi infondere fiducia agli alunni, fornire loro un modello positivo e aiutarli nella formazione della loro personalità.

Per raggiungere queste finalità il sistema delle ricompense può essere utile. Lodi e commenti scritti danno allo studente ribelle la misura di quanto il docente tenga a lui, nonostante tutto. Vedrai che lo aiuterai a sviluppare meglio la sua autostima, cioè la percezione del suo valore.

A volte è proprio l'allievo più irritante e vagabondo ad aver bisogno di "sostegno" per costruirsi una buona immagine di sé, per poter relazionarsi con il mondo. Il tuo modo di comunicare con lui, ma anche con gli altri, deve perseguire degli obiettivi.

- devi promuovere la sua autodisciplina;
- devi affinare la sua sensibilità;
- devi sviluppare il senso dell'umorismo di tutti i tuoi ragazzi.

Le punizioni raramente ottengono gli effetti desiderati e occorre dosarle stando attenti a non umiliarlo mai, a non offenderlo, a non usare il sarcasmo, a non essere troppo rigidi e a non ignorare i suoi piccoli successi. Se umili gratuitamente un alunno, specie di fronte ai compagni, crei un muro fra te e lui e blocchi la comunicazione, così pure se l'offendi.

Frasi come: «Non cambierai mai…», oppure: «Da te me lo aspettavo proprio…», stigmatizzano una persona e la etichettano, ledendo la sua autostima. Evita atteggiamenti simili.

L'utilità delle parole a valenza positiva

Alcuni docenti, per paura di non saper gestire la classe turbolenta esercitano un rigido controllo. Pretendono silenzio assoluto, scrivono rapporti su rapporti. I ragazzi ne sono ossessionati e forse spaventati, ma non li amano, né li rispettano.

Altri colleghi invece, quelli che non hanno "polso", subiscono e non si arrabbiano mai. Ambedue i sistemi non vanno bene. Atteggiamenti propositivi da parte degli allievi si possono ottenere usando parole a valenza positiva. Perché? Perché influenzano favorevolmente lo stato d'animo e presuppongono sempre una possibilità di soluzione.

Quindi inserisci all'interno dei tuoi discorsi termini come:

- sempre;
- sicuramente;
- opportunità;
- soluzione positiva;
- crescita.

Ed evita di arricchire il tuo linguaggio con parole come:

- difficoltà;
- problemi;

- sforzi;
- sbagli.

Questi termini possono infatti creare disagio e insicurezza e per la regola “dei vasi comunicanti” se utilizziamo volutamente parole a valenza suggestiva positiva, influenziamo noi stessi e chi ci ascolta.

Sappi che l’uso del pronome **io** crea una sorta di “barriera invisibile” che ci allontana e può generare una vera e propria antipatia. Dunque, avvicinati ai tuoi alunni, quelli problematici e quelli no, usando delle parole a valenza suggestiva positiva. Usa il linguaggio definito evocativo, che ricorre a metafore e aneddoti. Queste sono facili soluzioni che arrivano all’inconscio di chi ti ascolta. L’uso della metafora consente di trasmettere pensieri altrimenti difficili da comunicare. Il loro meccanismo è quello dell’identificazione e della proiezione e ti aiuteranno a coinvolgere i tuoi allievi.

Due anni fa, a scuola, con due ragazzi insofferenti allo studio, ma impegnati nel gioco del calcio, ho fatto abbondante uso di metafore e similitudini. Li ho interrogati condendo il mio linguaggio con frasi come: «Con questo tiro, ti sei messo all'angolo», oppure: «Fai un bel sorpasso, che stai facendo centro!», «In attacco sei un leone».

E poi, quante metafore usiamo comunemente! «Oggi ti vedo proprio giù, cos'è successo?» E ancora: «Il cantante che ti piace, è veramente una bomba». La critica a un tuo alunno diventa più accettabile se viene mediata dalla metafora e così sarà più soft se rimproveri un ragazzo dicendogli: «A casa, stasera, con questo voto negativo ci sarà tempesta e tuo padre farà tuoni e fulmini».

Le fiabe, amate dai bimbi e dagli adulti, usano un linguaggio metaforico, così pure le parabole della Bibbia o i miti. La metafora è tanto più efficace, quanto più fa riferimento all'esperienza di vita della persona; in questo caso l'alunno. Allora, via libera alle metafore riferite al calcio, alla musica, insomma a ciò che appassiona. Con la metafora puoi aiutare il ragazzo a vedere la realtà da diversi punti di vista. È di fatto il linguaggio dell'emisfero destro. Il grande psicoterapeuta Milton Erickson l'ha utilizzato e con grandi risultati, a fini terapeutici.

La curiosità che mi spinge a voler conoscere altri mondi e modi di pensare mi permette di entrare facilmente in sintonia con i miei studenti. Gli elementi difficili mi hanno sempre affascinato e qualche volta ho rischiato di "emarginare" coloro che sembrava non avessero problemi. Negli animi tormentati avverto la sofferenza e la fatica di vivere, proiezione di ciò che ero io da adolescente.

Come sostiene un mio giovane alunno: «Ognuno ha una propria architettura della mente», ma se non sei motivato a entrare in contatto con l'altro, nessun rapporto sarà veramente autentico. Ognuno di noi ha bisogno di essere apprezzato dagli altri e per diminuire le distanze relazionali occorre fare qualche passo in avanti, in direzione dell'altro.

Da piccoli è alla mamma che accordiamo la nostra totale fiducia. Poi, in età scolare, pensiamo di ritrovare lo stesso porto sicuro nell'insegnante, anche se è il momento della ribellione alle figure adulte di riferimento.

La fiducia va trattata con estrema serietà. Ora vi racconto come l'ho vissuta io da adolescente.

Sono sempre stata un'alunna difficile, ipersensibile, permalosa, chiusa in un mondo tutto mio. A latino, alle superiori, ero una frana e collezionavo sempre delle gravi insufficienze. Una volta la mia insegnante commentò ad alta voce, un passo della mia traduzione, infarcita di errori. Tutti i miei compagni si misero a ridere rumorosamente. Io avrei voluto sprofondare.

La docente colse il mio disagio e poiché era intelligente e sensibile, cambiò argomento e mi chiese informazioni sul libro che faceva capolino da sotto il mio banco. Mi ha chiamata vicino e sorridendo mi ha ascoltata con attenzione, mentre, rinfrancata, raccontavo le mie impressioni sul testo letto. Il libro era di Carlos Castaneda, *Viaggio a Ixtlan*. Era uscito da poco in libreria e mi faceva sognare e volare in terre lontane.

Alla fine, dopo essersi complimentata con me, si è rivolta ai miei compagni e gli detto: «Vedete? Rossella fa morire e poi resuscitare Giulio Cesare, ma nessuno di voi ha la sua curiosità mentale e ciò mi rattrista».

SEGRETO n. 4: per creare un rapporto di fiducia con i tuoi alunni problematici devi attivare una buona comunicazione. Parole a valenza positiva favoriscono atteggiamenti propositivi da parte degli allievi.

La mia prof. di latino mi aveva realmente comunicato la sua stima, con le parole e con i fatti. Lei si era guadagnata la mia fiducia e in latino sono decisamente migliorata.

Con un livello di autostima un po' più alto, gli anni delle superiori sono sati meno faticosi e, in ogni caso, ringrazio queste esperienze per avermi impedito di non ripetere gli stessi errori dei miei vecchi insegnanti.

Ne farò altri certamente, ma mi propongo sempre di avere la mente aperta e non venire meno alla riflessione su quello che devo o posso fare.

Come comunicare con i genitori e come motivare gli studenti

I tuoi alunni spesso immaturi e fragili, sono alla ricerca nell'insegnante di un modello autorevole. Alla famiglia devi chiedere collaborazione incontrando regolarmente i genitori, affinché il ragazzo non si senta abbandonato. Spesso mi capita, come tanti miei colleghi, di essere costretta a telefonare a qualche mamma latitante e recalcitrante, che per diversi motivi segue poco il figlio.

Durante il colloquio sorrido e metto la persona a proprio agio, non uso parole tecniche e cerco di stabilire un rapporto empatico. So che molti genitori hanno bisogno di ri-credere nella scuola e nei suoi operatori. A volte hanno fatto esperienze negative che li hanno induriti, esattamente come i loro figli.

Infine, il regalo più bello è il sorriso che mi regala l’alunno, quando la mattina dopo, in classe gli dico che la mamma è venuta da me, che mi sembra una persona veramente in gamba e che si interessa realmente a lui. So che così si sente accolto e amato. Riuscire a interessare e soprattutto a mantenere l’attenzione degli alunni a volte può riuscirti difficile, ma è fattibile.

Ascolta la mia esperienza. La storia dell’antica Grecia non riusciva ad avere presa sulla mia classe, la quale presentava dei grossi cali di attenzione. Durante l'intervallo alcune ragazze mi hanno domandato come si vestivano le donne nell'antichità e così mi hanno stimolato una serie di lezioni.

L'argomento proposto, usi e costumi nella Grecia antica, ha entusiasmato i giovani e così ci siamo organizzati. Ho individuato un gruppetto di scalmanati, molto bravi in informatica che, dopo una ricerca collettiva, ha raccolto il materiale.

Nell'aula multimediale il gruppo "docente" ha proiettato una vera e propria lezione: immagini che hanno catturato l'attenzione di tutta la classe. Inutile dire che la soddisfazione dei miei giovani prof. era enorme. I ragazzi sono nativi digitali, cioè già da piccoli sanno usare il computer, viaggiano su internet, hanno l'mp3 in tasca. I mezzi informatici sono il loro pane quotidiano. Amano il mondo dell'immagine e del suono.

Prova a sfruttare questa risorsa. L'ideale sarebbe avere in aula una lavagna interattiva (LIM), che, se installata con videoproiettore e casse audio, rappresenta un supporto per la lezione del docente. La LIM si deve adattare ai bisogni della classe e non viceversa.

Devi semplicemente integrarla nella tua normale pratica di insegnamento.

L'ultima volta che la mia collega l'ha utilizzata è stato per spiegare il linguaggio cinematografico. Ha seguito queste fasi:

- ha scelto l'argomento;
- preparato il materiale;
- commentato il video;
- effettuato la verifica.

Un alunno, sfiorando la superficie della lavagna ha completato gli esercizi già strutturati. La macchina è in grado di rinviare un imput che sarà positivo se l'alunno ha fatto bene l'esercizio e negativo, se ha commesso errori.

In alcune scuole usano l'**iPad** in classe, un'occasione per una nuova forma collaborativa con alunni difficili e svogliati, che, utilizzando il linguaggio informatico trovano il loro "modo" per apprendere. Il docente monocorde, che parla con voce piatta e non smette di farlo per un'ora, non ha proprio compreso come fare per risvegliare l'interesse dei ragazzi. Ricordati di prestare attenzione al linguaggio.

Usa la logica, ma anche l'emotività. La prima ti è necessaria per sostenere le argomentazioni e la seconda attira simpatia e crea empatia. I ragazzi sono attirati dalle novità; fai riferimenti al loro mondo. Presenta gli argomenti ponendo loro delle domande e coinvolgili. È principalmente con i giovani poco motivati allo studio che devi applicare queste regole. Un'esposizione centrata su argomenti noiosi deve essere bilanciata da richiami emotivi, in modo da stimolare l'interesse.

Alcuni colleghi sono convinti che i loro studenti debbano adattarsi ai loro stili di insegnamento. Niente di più sbagliato. Ogni classe ha le sue caratteristiche e, se è particolarmente difficile, a maggior ragione ha bisogno di cure attente. La nostra professione è complessa e ora più che mai si chiede al docente una certa flessibilità, un'apertura mentale positiva che gli permetta di avvicinarsi al mondo giovanile. E allora:

- sfruttate le loro curiosità;
- chiarite con loro gli obiettivi da raggiungere;
- mantenete un ritmo espositivo buono.

Abbassare molto il tono di voce può attirare il loro interesse e la loro curiosità. Coinvolgeteli spiegandogli quali finalità volete raggiungere nell'affrontare un argomento: si sentiranno importanti e partecipi dell'azione didattica.

SEGRETO n. 5: la comunicazione con i genitori è essenziale, così come il saper motivare e interessare gli allievi.

L'insegnante efficace

Come avrai ben capito alcune caratteristiche del docente possono influenzare il suo modo d'insegnare.

Per insegnare occorre essere molto motivati; sembra scontato dirlo, ma non è così. L'insegnamento per il docente deve essere una prima scelta e non un ripiego. Alcuni studi hanno rilevato come la nostra professione sia fra le cinque a più alto rischio di stress.

Sono maggiormente esposte le colleghe della scuola materna, meno quelle delle superiori. Ma naturalmente queste statistiche non si riferiscono alla gestione di classi problematiche. Per quest'ambito non ci sono dati attendibili.

Importante quindi per un insegnante è:

- avere una buona tolleranza verso lo stress;
- possedere un buon equilibrio psichico;
- avere buone competenze didattico-pedagogiche.

Tutte noi siamo esposte a disturbi dell'umore, a depressioni. Anni fa, nell'anno scolastico 2005/2006, in una scuola media, ho proposto ai colleghi di fare un corso di aggiornamento. L'argomento era sui gruppi di auto-aiuto per la gestione dello stress ed era condotto da alcune brave psicologhe.

A grandi linee ci hanno insegnato:

- a riconoscere su di noi lo stress;
- ad analizzare i nostri atteggiamenti verso la classe e verso i colleghi, l'organizzazione scolastica, gli eventi principali della nostra esistenza;
- a conoscere i diversi tipi di personalità di noi docenti, con i relativi comportamenti.

E naturalmente abbiamo rinforzato la nostra autostima, attraverso una serie di esercizi. I colleghi di allora e la lungimiranza della nostra dirigente hanno sortito effetti positivi nel tempo. Il gruppo dei docenti è diventato più coeso e maggiormente consapevole di alcune dinamiche relazionali ed emotive. Tutti ne hanno tratto vantaggio: noi e soprattutto i nostri alunni.

Il metodo Gordon

Vale la pena dedicare un po'di tempo a parlare, a grandi linee, del metodo Gordon. Thomas Gordon e prima di lui Carl Rogers sono i due psicologi che fanno parte del movimento umanistico, la cosiddetta "terza forza", che si è affermata in America, dopo la psicoanalisi.

L'obiettivo di tale metodo è quello di cambiare la società attraverso la valorizzazione della persona e la forza dei risultati. La persona, in questo caso l'alunno, è al centro del processo educativo.

L'approccio centrato sulla persona oggi è un metodo riconosciuto in molti settori della ricerca e dell'azione sociale. Le persone sono attive, creative e dinamiche e possono rispondere in modo significativo ai diversi condizionamenti.

E ora vediamo cosa propone Gordon per risolvere i conflitti in classe. Lo studioso afferma che i conflitti coinvolgono entrambe le parti. Il problema dunque, è sia del docente, che dello studente. Entrambi vogliono vincere, spesso facendo una prepotenza sull'altro.

Il Metodo I

L'autoritarismo (io vinco-tu perdi) è ciò che Gordon chiama Metodo I. Ad esempio, se Anna chiacchiera continuamente e il prof esasperato la minaccia paventando una bocciatura, otterrà questo risultato. Anna d'ora in poi si distrarrà meno, ma proverà risentimento o anche ostilità verso l'insegnante. Nel Metodo I, vince il docente.

Il Metodo II

Il permissivismo, invece, (io perdo-tu vinci) per Gordon è il Metodo II. Sfruttando l'esempio di prima possiamo vedere il prof che soccombe alla prepotenza verbale di Anna e arriva però a sviluppare una vera e propria antipatia verso l'alunna maleducata. Quando gli studenti, afferma Gordon, hanno a che fare con degli insegnanti che una volta sono severi e un'altra volta indulgenti, sono costretti a stare sempre in guardia. Sia il Metodo I che il II si basano sul potere per la risoluzione dei conflitti.

Ho affrontato spesso situazioni del genere, sforzandomi di controllare anche la mia irritazione, come quella volta in cui tre miei alunni erano stati scelti per far parte della redazione del giornalino d'istituto e, durante la mia lezione, chiacchieravano continuamente. Il più audace, da me richiamato fermamente, alle mie rimostranze sul suo comportamento, mi ha risposto che il preside in persona lo aveva scelto per il giornalino e loro quindi dovevano accordarsi subito, per dividersi i compiti. Che li lasciassi in pace, dunque!

Il Metodo III

L'atteggiamento irritante del ragazzo stava per scatenare la mia collera, ma, adottando il Metodo III ho risolto la situazione. Il Metodo III viene definito come "la via democratica per risolvere i conflitti". Insegnante e studente collaborano per trovare insieme

una soluzione accettabile per entrambi.
E così anch'io per risolvere il mio problema ho attivato questa tecnica. Ho sentito le loro argomentazioni ponendomi in un ascolto attivo, poi ho formulato messaggi in prima persona (messaggi-io).

L'ascolto attivo

L'ascolto attivo prevede che l'alunno possa esporre i propri problemi senza essere interrotto, che il docente lo accolga e lo ascolti attentamente e, infine, che lo incoraggi con frasi come: «Dimmi qualcosa di più… continua pure…».

L'ascolto attivo ha permesso agli studenti di esporre i loro problemi, sicuri di essere ascoltati e soprattutto non giudicati. Ho utilizzato anche il linguaggio del corpo per far capire loro quanto ritenessi importante l'attività giornalistica.

Non ho emesso giudizi negativi, ma solo partecipazione. Utilizza l'ascolto attivo per aiutare il ragazzo in crisi e metterlo a suo agio.

Il messaggio-io

Poi, con la tecnica del messaggio-io, ho permesso ai ragazzi di entrare in contatto con i miei sentimenti, impedendogli di assumere atteggiamenti di difesa.

Parlando in prima persona ho agevolato la comunicazione, dimostrando di non aver paura nell'esprimere i miei sentimenti. Non ho usato nella comunicazione «Tu sei…» ma «Io sento» e così ho espresso chiaramente ciò che provavo e che mi metteva a disagio.

Insieme abbiamo concordato e trovato una soluzione: il gruppetto si riunirà in sala lettura, per una mezzoretta, prima dell'intervallo. Ammetto che spesso, durante il confronto con studenti disubbidienti ho avuto grossi problemi nella gestione della mia rabbia. Sono una persona passionale e quindi per me non è facile mantenere il controllo, anche se mi succede di più con gli adulti (genitori, dirigente, colleghi).

Se la collera fa parte del messaggio in prima persona, il confronto viene percepito dall'allievo negativamente. E ciò può accrescere la collera dei tuoi ragazzi.

Quando il menefreghismo impedisce ad alcuni alunni di impegnarsi adeguatamente, io provo un sentimento di frustrazione, che conseguentemente, mi scatena una reazione alterata.

Cerco sempre di non ferire verbalmente ma, in quei momenti, dopo che magari ho spiegato più volte lo stesso concetto, esplodo. Permetto a un sentimento di frustrazione di avere la meglio su di me. Niente di più sbagliato.

Il dialogo calmo e affrontato in prima persona è per tutti noi un'opportunità di crescita: l'insegnante si prende le proprie responsabilità e gli studenti se ne rendono conto, imparando a fare altrettanto.

Il Metodo senza perdenti

Il Metodo senza perdenti può essere utilizzato quando l'ascolto attivo e il messaggio-io non ottengono gli effetti sperati. Consiste nel ricercare una soluzione soddisfacente per entrambi le parti.

Sostituisce quindi l'autoritarismo e il permissivismo ma né il docente, né lo studente ne escono sconfitti.

Il problem solving

Il metodo del problem-solving è un'altra opzione proposta da Gordon e si attua in 6 tappe.

Si applica quando si presenta un problema di difficile risoluzione. Ecco i vari passaggi ai quali devi attenerti:

- esposizione chiara dei problemi;
- proposta delle diverse soluzioni;
- considerazione degli aspetti positivi e negativi delle proposte;
- scelta della soluzione adatta allo scopo;
- predisposizione dei mezzi utili alla risoluzione del problema;
- verifica dei risultati ottenuti.

Ogni docente dotato di sensibilità mette in campo questa tecnica. In un clima democratico si discute e ci si confronta. È così, ad esempio, che può nascere il regolamento di classe, condiviso e accettato da tutti.

Gordon consiglia di dedicare i primi 10 minuti della giornata al dialogo coi ragazzi per sviluppare un sentimento di fiducia nei confronti del docente e far esprimere loro ansie, disagi e dubbi. Questo spazio lo chiama: “tempo relazionale”.

Il circle time o tempo del cerchio

Altro intervento educativo è quello del “circle time”. L’obiettivo è quello di promuovere la coesione del gruppo-classe e di creare un clima di solidarietà. In questo spazio, gli allievi in cerchio possono discutere di un qualsiasi argomento scelto da loro.

È interessante applicare questa tecnica quando, all’interno della classe, ci sono dei problemi da risolvere. Tale strumento, valido soprattutto nelle scuole primarie, è stato utilizzato con successo nei casi in cui uno studente veniva vittimizzato dagli altri, dato che permette la sperimentazione dell’empatia e l’espressione delle proprie emozioni.

SEGRETO n. 6: l’insegnante efficace, per Gordon, adotta il Metodo III, l’ascolto attivo e i messaggi-io. Il problem-solving è un’ulteriore opzione da utilizzare.

RIEPILOGO DEL CAPITOLO 2:

- SEGRETO n. 4: per creare un rapporto di fiducia con i tuoi alunni problematici, devi attivare una buona comunicazione. Parole a valenza positiva favoriscono atteggiamenti propositivi da parte degli allievi.
- SEGRETO n. 5: la comunicazione con i genitori è essenziale, così come il saper motivare e interessare gli allievi.
- SEGRETO n. 6: l'insegnante efficace, per Gordon, adotta il Metodo III, l'ascolto attivo e i messaggi-io. Il problem-solving è un'ulteriore opzione da utilizzare.

CAPITOLO 3:
Gli elementi che concorrono al ben-essere degli studenti

Siamo sicuramente in perfetto accordo, quando affermo che vorremmo che i nostri alunni stessero bene a scuola. Perché ciò porterebbe a una serie di conseguenze, tutte positive. Noi docenti ci occupiamo dello studente dal punto di vista culturale, sociale e anche psichico. Un lavoro delicato, non riconosciuto, se non addirittura svalutato. Quante volte ho sentito i colleghi affermare che non si sentivano pronti a fronteggiare situazioni complicate… quante volte un collega mi ha confidato di non avere le competenze giuste e di sperare nell'intervento miracoloso dello specialista, che, a volte, oberato di lavoro, non ce la faceva a nemmeno a presenziare i consigli di classe.

In realtà molti insegnanti sono davvero bravi, anche quando sono pressati da quei genitori che delegano volentieri i loro compiti nei riguardi del figlio. Ma a scuola non siamo soli. Esiste un piccolo esercito, che ha a che fare giornalmente con tuo figlio.

Parlo del dirigente scolastico, dei colleghi e del personale ATA. Il dirigente scolastico dovrebbe essere per noi docenti un grosso punto di riferimento. È lui che coordina, dà le direttive, informa, sanziona. Il suo ruolo è estremamente importante ed è sempre lui che sceglie i suoi collaboratori più fidati.

Il personale scolastico

Il dirigente scolastico

Un bravo dirigente sa come e a chi affidare i compiti, anche delicati. Conosce i suoi collaboratori e li sa motivare.

Il bravo dirigente è un manager che, all'interno di una logica organizzativa lavora in un'ottica pedagogica e sostiene i suoi insegnanti. Gli studenti possono non avere con lui un rapporto quotidiano, ma lui ha il sacrosanto dovere di dare un'immagine di sé e della scuola che rappresenta: positiva, efficace e rassicurante. Anni fa, in un istituto superiore dove lavoravo, i ragazzi mi hanno chiesto: «Prof., ma il preside… chi è? Non lo abbiamo mai visto!»

Spiazzata da queste affermazioni ho incominciato diligentemente a spiegare quanto il dirigente scolastico fosse impegnato e quante e quali responsabilità dovesse affrontare; ma non li ho convinti affatto.

Perché, devo ammetterlo, seppure a malincuore, avevano ragione loro. Quel preside, con il suo comportamento, ha messo in pericolo il suo prestigio e l'ha reso traballante. Ora il suo ruolo e la sua figura risulta agli occhi degli allievi poco credibile.

I nostri giovani hanno bisogno di regole, di paletti e, per loro, almeno per la durata dell'anno scolastico, il preside rappresenta l'autorità, che viene meno se non è accompagnata da autorevolezza.

E allora in una mia lettera immaginaria, anche se in realtà l'ho fatto realmente, al mio dirigente scrissi questo: «Caro Preside (che bello questo termine ormai passato di moda!), perché non ci ri-mettiamo in gioco e torniamo sui banchi di scuola? Perché, insieme ai tuoi docenti non ti impegni a lavorare anche sulle tue competenze comunicative ed emotive?»

Proprio ieri ti sei visto arrivare in presidenza un allievo che si è picchiato nei corridoi e lui, dopo 5 minuti di "tirata d'orecchi" è ritornato in classe, amareggiato e ferito. Forse deluso dal suo dirigente scolastico? Come si sarà svolto il micro colloquio? E, sarà servito a qualcosa? Avrà raggiunto una finalità educativa? Non lo so, ma mi restano tanti dubbi in proposito.

Nella nostra realtà scolastica la dimensione cognitiva ed emotiva dell'adulto e dello studente, sono spesso contrapposte. Niente di più sbagliato. Le due parti devono dialogare e i sentimenti dell'educatore devono trovare un loro spazio.

I colleghi insegnanti

E ora, come secondo punto, voglio parlare dei miei colleghi. L'ho già detto all'inizio, ma mi ripeto: molti di noi sono davvero bravi e lavorano spesso con grande abnegazione e professionalità.

È all'interno dei consigli di classe che mi rendo conto quanto ancora lo sviluppo della conoscenza sia fondamentale per alcuni colleghi. Un adulto che non riesce a relazionarsi correttamente con adolescenti ribelli e difficili è una persona che non ha acquisito competenze emotive e relazionali. Perché sono loro che ti permettono di affrontare quella dimensione emotiva che è legata strettamente con la trasmissione delle conoscenze. Le prime non sono meno importanti delle seconde.

L'impegno empatico, in ambito scolastico, va sempre stimolato, per permettere la costruzione dei rapporti, tuttavia, le regole vanno rispettate, il gruppo-classe va contenuto e il docente non deve perdere la sua capacità di farsi rispettare. Il contesto scuola è fatto anche di norme e impegni e il nostro dovere sta nel non sottrarsi al ruolo di educatori, bilanciando vari elementi.

L'alunno difficile ha bisogno, più di altri, di norme da rispettare e di autorevolezza da parte dell'insegnante. Le aggressioni verbali, che purtroppo si scatenano non di rado durante i nostri consigli di classe, ci dovrebbero far riflettere su come, per un giovane turbolento, sia difficoltoso intraprendere la strada della buona comunicazione. Osserviamo prima di tutto i nostri comportamenti e non pretendiamo il "tutto e subito" dai nostri alunni.

Alcuni insegnanti, poi, in particolare alle superiori, si confrontano poco con i loro colleghi e, soprattutto, hanno difficoltà a capire quanto una linea di intervento comune, sia basilare per ottenere buoni risultati.

Ricorda: se il gruppo-docenti è coeso, la disciplina in classe darà meno problemi e, insieme, sarà più semplice affrontare le disfunzionalità che si presentano. Anche noi siamo gruppo, come i nostri allievi, e come loro dobbiamo trovare codici di comportamento condivisibili.

SEGRETO n. 7: la coesione del gruppo docenti e il lavoro di squadra determinano il successo formativo, anche dei giovani problematici.

Il personale ATA

Altro argomento che mi sta a cuore è quello del personale ATA. I collaboratori scolastici, cioè i bidelli, come si chiamavano una volta, gli assistenti amministrativi e quelli tecnici fanno parte del folto gruppo del personale ATA.

All'inizio dell'anno spieghiamo sempre agli studenti come

"funziona" la scuola. Con in mano il Regolamento d'Istituto parliamo delle regole alle quali ci dobbiamo attenere e illustriamo i diversi profili scolastici. Ma è ancora sull'aspetto educativo, che amo soffermarmi.

Ci dimentichiamo con facilità che il personale ATA svolge anch'esso un importante ruolo educativo: vediamolo insieme. Quante volte in presenza di situazioni difficili o costretta ad assentarmi devo ricorrere ai collaboratori scolastici? E quante volte sono stati un valido supporto per contenere, rabbonire, ascoltare?

Nella comunità scolastica gli "ex bidelli" concorrono attivamente al raggiungimento degli obiettivi formativi e all'inserimento di alunni con abilità differenti. Spesso diamo per scontato il loro ruolo, anzi ci sembra che con loro tutto sia dovuto: sono quasi invisibili. Ma i nostri allievi sono più tranquilli se, nell'ambito scolastico, trovano persone disponibili e sanno che in segreteria gli impiegati li accolgono con un sorriso. La partecipazione di noi tutti contribuisce sicuramente a rasserenarli e, se necessario, a contenerli.

Anna, insegnante di sostegno in una scuola media, mi raccontava di come sia riuscita a organizzare un'attività gratificante per Nico, suo alunno, con problemi cognitivi. Al progetto hanno partecipato anche le impiegate di segreteria e i collaboratori scolastici.

Nico era da sempre affascinato dalle circolari che Lina, la bidella, portava nelle classi. Avrebbe dato chissà cosa per essere al suo posto e tutte le volte che la vedeva si agitava così tanto da creare un certo trambusto.

Il piano di Anna, coadiuvata anche dai compagni di Nico, era semplice. Avrebbe fatto credere al ragazzo che il suo aiuto era fondamentale per risolvere una questione spinosa. Infatti spiegò al giovane che Lina, per un improvviso mal di schiena cercava un aiutante. Per caso Nico era disponibile? Inutile dire come il nuovo incarico di Nico sia stato svolto con precisione e senso di responsabilità.

SEGRETO n. 8: tutto il personale scolastico concorre alla formazione della personalità degli alunni ed è di supporto agli studenti più problematici.

In questo modo, utilizzando una semplice strategia e con l'aiuto del personale ATA della scuola, l'obiettivo della docente era stato raggiunto. Aveva strutturato una semplice attività per il suo alunno e l'aveva reso più autonomo, gratificandolo nel contempo.

In un istituto tecnico come il mio, l'attività di supporto, in alcune materie, è svolta dagli assistenti tecnici. Il loro regno è il laboratorio: informatico, di chimica, di fisica. Vi lavorano insieme ai docenti di quella stessa disciplina.

In classe, qualche volta, elementi difficili, trovano nel lavoro laboratoriale un loro modo di esprimersi. Spesso, anche nei casi di alunni disabili, ho trovato un valido supporto negli insegnanti tecnici, con i quali ho elaborato percorsi didattici fatti di esercitazioni pratiche e di sperimentazioni. Un modo anche questo, per catturare l'attenzione e l'interesse dei più fragili.

Il contesto-classe e la gestione dei comportamenti problematici

La maggior parte dei comportamenti inaccettabili, sostiene Thomas Gordon, nel suo libro *Insegnanti efficaci*, si può prevenire modificando il contesto in classe.

Non tutta la sua teoria è applicabile con classi di scuola media inferiore e superiore, ma alcune idee sono veramente interessanti. Vediamole insieme.

Negli ultimi anni ci sono stati richiami all'amministrazione comunale, da parte dei dirigenti scolastici. Motivo: palestre disastrate, se non inesistenti, aule non più idonee. Insomma, il problema delle carenze nell'edilizia scolastica esiste e, in molte scuole, rappresenta davvero un'emergenza.

Pensateci bene: con quale spirito gli studenti affrontano ore di attività didattiche stipati in 30, in aule di circa 30 metri quadrati? Ci si aspetta, scrive Gordon, che gli insegnanti insegnino in maniera diversa rispetto al passato, ma in un contesto che però rimane lo stesso di sempre.

In classe i banchi sono spesso scomodi; un mio alunno molto alto e affetto da obesità ha trovato veramente difficoltoso e umiliante sedersi. E non c'è riuscito. Abbiamo dovuto rimediare ordinando un banco più alto e largo del precedente.

Rendiamo dunque lo spazio-scuola, per quanto è possibile, più efficace. Come?

- Trovando aree all'esterno della classe.
- Utilizzando la biblioteca interna.
- Incentivando a frequentare il gruppo di teatro.
- Ridisegnando gli arredi interni.

Per costruire un buon rapporto occorre tempo, ma anche uno spazio appropriato. Cerchiamo di trovarlo, all'interno dell'edificio scolastico, per programmare incontri con i ragazzi più problematici, o con chiunque ne abbia bisogno. Ne trarrà giovamento l'autostima dell'alunno e migliorerà il clima della classe.

Nella mia scuola c'è una piccola biblioteca, molto fornita. Se ne occupano due docenti e l'orario per frequentarla è scritto sulla porta. Ebbene, l'ambiente si anima giornalmente e diventa via via luogo di incontro, di scambio e di lettura.

Un mio estroverso collega ha attivato, da anni, un gruppo di teatro. Non è una novità, è vero, ma alle scuole superiori, non è così scontato che ci sia. Il prof è un bravo attore, oltre che valido insegnante di matematica, e con i giovani poi è davvero eccezionale.

Un alunno, particolarmente aggressivo, ha trovato nell'esperienza teatrale un modo per ridurre la sua aggressività. Il mio collega e io lo abbiamo convinto a iscriversi al corso, anche per dargli una possibilità di integrazione nel gruppo. Infatti, si auto-emarginava. Come per molti altri l'esperienza teatrale gli ha permesso di migliorare la sua capacità di autodisciplina e la sua concentrazione.

Ha fatto esperienza di dizione, di gestualità, affinando la sua capacità comunicativa. Ha imparato a stare nel gruppo e a seguirne le regole.

Laboratorio dunque a tutti gli effetti, in cui la teoria si è coniugata con la pratica. Attraverso il FARE, l'apprendimento è stato per il ragazzo un'esperienza totalizzante. Con il teatro l'effetto terapeutico è assicurato, perché libera le tensioni e fa emergere potenzialità nascoste.

E ora parliamo di arredi. Mi direte: «Ma cosa c'entrano con le classi problematiche?» Ve lo spiego subito. È ovvio che non possiamo ridisegnare gli arredi interni. Magari potessimo farlo! E allora?

Intanto possiamo spostare i banchi e metterli in circolo, per permettere al docente di guardare in faccia tutti i suoi alunni, che, così, si troveranno allo stesso livello, giusto per mettere in atto il **brainstorming**, tecnica utile per stimolare idee nuove e creative. Io, come insegnante di lettere, la uso spesso e, credetemi, è solo apparentemente un metodo puerile, in realtà è estremamente creativo e produttivo.

Ecco in cosa consiste. Dato un problema, ognuno proporrà soluzioni diverse e alla fine, si creerà una lista di idee che, solo in un secondo tempo, verranno riorganizzate dal docente e con l'aiuto degli allievi. Ho utilizzato il brainstorming in una classe di 18 femmine, affrontando una tematica molto sentita:

l'emarginazione.

Dopo aver visto insieme il film *Chocolate* abbiamo tutte insieme usato questa tecnica producendo pensieri, spiegando e ipotizzando concetti. Poi, soddisfatte da quanto emerso, abbiamo ulteriormente approfondito l'argomento con l'apporto di numerose esperienze emerse dal gruppo.

A volte, è effettivamente possibile prevenire alcuni comportamenti inaccettabili degli studenti, modificando il contesto in classe. La noia e l'oppressione di un ambiente poco accogliente possono rendere difficile l'inserimento degli alunni. Coloro che hanno problemi di disciplina possono, in particolari situazioni, "esplodere". È quindi estremamente utile:

- fornire l'alunno di aree adibite a "centri di studio";
- frequentare attivamente la biblioteca;
- utilizzare le aule informatiche;
- incentivare lo scambio fra le classi;
- promuovere uscite didattiche e visite guidate.

La pianificazione, afferma Gordon, può spesso prevenire i

problemi in classe. Ecco alcuni suggerimenti:

- organizzare riunioni informative per mostrare ai ragazzi l'utilizzo di nuove strumentazioni (esempio la LIM);
- parlare del nostro metodo d'insegnamento e del nostro sistema di valutazione;
- chiarire gli obiettivi che vogliamo raggiungere con il nostro lavoro.

La pianificazione è una possibile strategia per spiegare in modo chiaro la nostra posizione rispetto ad alcune regole. Il giovane problematico apprende così un sistema chiaro al quale deve attenersi e con il quale si deve misurare.

Cerca, per quanto possibile, di ignorare i comportamenti problematici degli allievi, mentre, come ti ho già suggerito, devi:

- fare un rinforzo (incoraggiamento) positivo se il tuo ragazzo compie un'azione appropriata;
- intervenire prontamente nelle situazioni "a rischio", non aspettare;
- usare frasi positive e incoraggianti;
- cercare di essere ferma in ciò che dici;

- non usare il "perché", ma chiedere una spiegazione (es. invece di dire: «Perché non state attenti?», chiedi: «Che cosa avete da raccontarvi?»).

I genitori: una componente essenziale

Sono proprio i genitori degli alunni più difficili a essere latitanti con noi insegnanti. È un colpo basso per la nostra autostima, ma soprattutto ci impedisce di pianificare linee di intervento utili al raggiungimento del successo formativo del ragazzo.

Allevare e istruire i figli è responsabilità dei genitori ma, secondo la mia esperienza non è sempre facile avere come interlocutori babbi e mamme che qualche volta sembrano sordi a ciò che dici.

È con gli studenti più difficili, quelli che hanno alle spalle famiglie problematiche e importanti nodi da sciogliere, che occorre dare il massimo di noi. Perché, è inutile dirlo, anche se siamo irritate dal menefreghismo di alcuni genitori, anche se i pestiferi ci fanno impazzire e arriviamo a casa stanche morte non ci sottraiamo mai alla sfida di costruire qualcosa di utile e valido.

Una buona relazione scuola-famiglia incide profondamente sulle motivazioni e gli obiettivi a lungo termine dei tuoi alunni. Sembra che i ragazzi che non avvertono il sostegno dei genitori nelle questioni scolastiche siano fortemente a rischio di malattie legate allo stress.

Occorre trovare strategie utili a coinvolgere i genitori dei ragazzi. Occorre sensibilizzarli, affinché abbiano, all'interno della scuola, un ruolo più attivo. Per ora, in molte realtà scolastiche, questa è un'alleanza assai carente, perciò perché non organizzare momenti di formazione/informazione? Oppure perché non organizzare insieme a loro degli eventi scolastici?

Abbiamo visto che i contatti positivi fra docenti e genitori aumentano la sicurezza del ragazzo. Se è uno studente fragile l'effetto sarà maggiore. I nostri ragazzi apprendono molto attraverso l'esempio. Vi assicuro che buone reti collaborative portano a ottimi risultati.

I livelli auspicabili devono essere:

- rappresentativi;

- diretti;
- indiretti.

I primi si attuano attraverso i decreti delegati, quasi sconosciuti, ma voluti fortemente quando ancora si credeva potessero servire a far partecipare di più i genitori al funzionamento della scuola. La collaborazione diretta avviene attraverso le riunioni e i colloqui individuali. L'ultima, infine, quella indiretta, è costituita da tutti quegli atti giornalieri che un genitore compie per sostenere il figlio a casa. Solo così lo aiuterà a raggiungere il successo formativo.

SEGRETO n. 9: il rapporto scuola-famiglia permette allo studente di sviluppare la sua autostima e di acquisire sicurezze attraverso l'esempio di reti collaborative valide attivate fra i suoi familiari e il personale docente.

RIEPILOGO DEL GIORNO 3:

- SEGRETO n. 7: la coesione del gruppo docenti e il lavoro di squadra, determinano il successo formativo, anche dei giovani problematici.
- SEGRETO n. 8: tutto il personale scolastico concorre alla formazione della personalità degli alunni ed è di supporto agli studenti più problematici.
- SEGRETO n. 9: il rapporto scuola- famiglia permette allo studente di sviluppare la sua autostima e di acquisire sicurezze attraverso l'esempio di reti collaborative valide attivate fra i suoi familiari e il personale docente.

Conclusioni

Risulta chiaro, da quanto ho scritto, che per la gestione di una classe problematica occorrono competenze, impegno ed entusiasmo:

- competenze, per insegnare le discipline scolastiche con rigore e correttezza;
- impegno, nella continua costruzione e inquadramento del tuo sapere;
- infine l'entusiasmo, che costituisce il motore che ti spinge a procedere nella strada prefissata e che comunica ai tuoi allievi la voglia di non fermarsi mai.

Lo stimolo e la forza vitale che ricevi dai giovani ti impegna in un'attività coinvolgente, seppure stressante. Io, sulla base dei miei studi e della mia formazione professionale, ho voluto segnalarti una serie di metodologie e tecniche utili per la lettura delle diverse problematiche. Non solo. Dalla lettura delle mie esperienze puoi imparare ad agire all'interno di situazioni difficili e con adolescenti ribelli.

Ti ho spiegato quanto e come la buona comunicazione sia essenziale per la positiva riuscita della tua attività e come il lavoro di gruppo di noi docenti possa costituire una base importante per il lavoro dell'insegnante.

Con questo bagaglio sarai in grado di:

- decodificare i segnali di sofferenza dei tuoi allievi, perché avrai attivato l'ascolto empatico;
- avrai raggiunto l'assertività educativa, perché sarai coerente con le tue regole;
- saprai stimolare i tuoi alunni nell'area affettivo- relazionale;
- applicherai tecniche didattiche e pedagogiche per offrire aree di impegno agli studenti disagiati;
- saprai rilevare i tuoi errori rimettendoti in gioco.

E ora qualche consiglio in pillole: ricorda di essere sempre coerente, altrimenti i tuoi studenti problematici si disorientano ancora di più e tu perderai credibilità.

Se li devi punire, perché ti hanno fatto dannare, non li "riempire" di compiti. Il ragazzo difficile può avere problemi di apprendimento o semplicemente poca voglia di studiare; pensi forse, facendo così, di fargli amare di più la scuola? Non credo proprio.

E infine, non mi sono mai sentita sminuita nel riconoscere un mio sbaglio. **I ragazzi sono in gamba e capiscono.**

Bibliografia

Thomas Gordon, *Insegnanti Efficaci*, Firenze,Giunti e Lisciani Editori, 1991.

Thomas Gordon, *Genitori efficaci*, Molfetta (BA), La Meridiana Editore, 1994.

Maurizio D'Ambra, *Le nuove tecniche di comunicazione*, Milano, De Vecchi Editore, 1997.

Jacob Levi Moreno, *Principi di sociometria, psicoterapia di gruppo e sociodramma*, Milano, ETAS Editore, 1980.

Mario Comoglio, *Educare insegnando. Apprendere ad applicare il cooperative learning*, Roma, LAS editrice, 2000.